AF200235

Südindien 2019

Expedition zu den vielen Menschen

Südindien 2019

Expedition zu den vielen Menschen

aus Anlass der Gründung der Tamilischen
Ev.-Luth. Kirche (TELC) vor 100 Jahren

5. – 30. Januar 2019

Rudolf Wilhelm Lehle

Abbildung Einband: Park & Ride mit Motorrollern und Mopeds am historischen Empfangsgebäude der SIR und der neuen Metro, Bahnhof Egmore, Chennai, 06.01.2019

Abbildung 1: Blütenbild im Wassergefäß, Eingang Sri Arulmuthy Residency TB Road, Madurai, 27. 01. 2019

Bibliografische Information der Deutschen Nationalbibliothek:
Die Deutsche Nationalbibliothek verzeichnet diese Publikation in der Deutschen Nationalbibliografie; detaillierte bibliografische Daten sind im Internet über http://dnb.dnb.de abrufbar.

© 2020 Rudolf W. Lehle
Satz, Umschlaggestaltung, Herstellung und Verlag:
BoD – Books on Demand, Norderstedt

ISBN: 978-3-7494-6126-4

Inhalt

Zwei Reisen: Medizinstudent 1981
und Nachfahre der Missionare 2019

Fremd und doch irgendwie vertraut, unglaublich weit weg und doch nur 9 bis 10 ½ Stunden Flug immer nach Südost über unruhige Gegenden, die man aus den Nachrichten kennt. 4 ½ Stunden Zeitverschiebung östlich MEZ.

Ururgroßvater **Carl Friedrich Kremmer** (1817–1887) war noch über etwa 6 Monate mit dem Segler um Afrika herum dorthin unterwegs, von Winden geplagt, nach Westen im Südatlantik abgetrieben und von Winden schließlich ans Ziel befördert. Fahrzeit von Oktober 1846 bis März 1847 (Hamburg–London–Kap Finisterre–Madeira–Kanarische Inseln–Kapverdische Inseln–Kapstadt–Kap Komorin–Madras–Trankebar). Auf dem Schiff herrschte ein fester Tagesrhythmus mit Bibelarbeit und anderen praktischen Aufgaben. Es wurden Biographien gelesen, eine englische Familie erhielt von einem Missionar Unterricht in der deutschen Sprache, es wurden von Deck aus Vögel und Fische beobachtet, dabei wurden Briefe geschrieben und Reiseberichte verfasst. Die Briefe wurden rückreisenden Schiffen mitgegeben und kamen 4 Monate später an ihr Ziel. Im November 1846 schlugen die Wellen über Bord, »die Wellenschläge waren von der Gewalt des Kanonendonners« (Anmerkung 1), der Sturm warf an Bord alles durcheinander und die Reisenden bangten um ihr Leben. Laut riefen sie in Todesangst Gott, den Herrn an. Der Sturm wurde ruhiger.

Nach monatelanger und schließlich doch behüteter Reise blieb Kremmer als Mitarbeiter des Leipziger Missionswerkes (LMW) bis zu seinem Tod fast durchgehend in Indien, in Madras, Madurai und Trankebar, unmittelbar an der Küste des Golfes von Bengalen, südlich von Madras.

Anmerkung 1) Kremmer CF, Mylius A, Schmeisser KH, Wolff AF: Brief vom 23. 11. 1846 an das Comité des LMW, eingegangen am 21. 02. 1847.

Trankebar – wie seine Enkelin, meine verehrte Großmutter **Berta Müller-Erzbach, geb. Wilkens (1884–1978)**, immer noch sagte, und es klangen Bewunderung und Verehrung für die große Zeit der Mission in ihrer Stimme mit, wenn sie davon sprach. 1981 fand ich drei Jahre nach ihrem Tod das kleine Örtchen der dänischen und später der deutschen Missionare nicht, weil die Tamilen es vor Jahren umbenannt hatten. Sie bezeichneten fortan die kleine Stadt mit Stadttoren und Resten einer einst geschlossenen Stadtmauer sowie einem dänischen Fort mit dem Wort »Tarangambadi«. Zur Zeit der Geburt meiner Großmutter lebte ihr Großvater Kremmer noch in Indien, kehrte aber nicht mehr zurück. Berta lernte ihn nicht mehr kennen.

Kremmer heiratete eine ihm zunächst gänzlich unbekannte, für ihn aber in Europa vom Gemeindepfarrer als passend erachtete Frau (**Charlotte Auguste Kremmer, geb. Raven**) knapp einen Monat nach ihrer Ankunft am 3. Januar 1853. Es wurde (soweit man weiß) eine gute, liebevolle Ehe. Jedenfalls lässt sich dies aus dem Ton der Briefe schließen. Vier Töchter wurden in Indien geboren, die vierte, meine Urgroßmutter **Anna Sophia Friederike Kremmer**, wurde im Nachbarort Poraya am 8. Februar 1860 geboren, blieb schließlich in Deutschland und heiratete den Silberwarenfabrikanten Heinrich Wilkens in Bremen.

Die Töchter kamen als Kinder nach Deutschland und wuchsen bei fremden »Tanten«, den Damen **Rautenberg** in Osnabrück, ohne die Eltern auf. Abschied und Trennung von den Eltern der Missionsarbeit und des schwierigen Klimas in Südindien wegen. Die Kinder sollten unter günstigeren Bedingungen in Europa aufwachsen. Aber somit eben ohne die Eltern.

All das familiäre Wissen trug **Arnd Bernhard Liederley (1928–2014)**, der weltmännische Kaufmann aus Bremen (Enkel der älteren Schwester **Luise Mackensen, geb. Wilkens** meiner Großmutter Berta), in den 1990er Jahren zusammen (siehe Quellen: **Liederley Arnd:** Erinnerungen an Carl Friedrich Kremmer 1817–1887)

Aus meiner Zeit als Student 1981 erinnere ich mich noch an sehr viele und sehr freundliche Menschen, sehr hilfsbereit und gastfreundlich. Reiche und arme, sehr arme Menschen auf der Straße. Sie hielten mir schon damals die offene, ausgezehrte Hand am abgemagerten Unterarm in immer gleicher Weise entgegen und zeigten auf den Mund mit schnellen wiederkehrenden Bewegungen, mitunter erschöpft oder auch flehentlich, um anzudeuten, wie dringend sie Nahrung zum Munde führen müssten.

Ich war Medizinstudent in Heidelberg, ein Famulus, also ein Praktikant im II. klinischen Studienabschnitt. »Auslandsfamulatur«, das war etwas Außergewöhnliches und Spannendes. Es war nicht notwendig, ins Ausland zu gehen, und schon gar nicht in ein Entwicklungsland, wie auch Indien bezeichnet wurde. Mein bester Freund ging nach Kenia, eine andere Studienfreundin war gerade ein Jahr in den USA und ich ging nach Indien, schon damals auch wegen der alten familiären Beziehungen zu diesem Land.

Es sollten 9 Wochen in New Delhi sein, am staatlichen, aber sehr renommierten Krankenhaus »**All India Institute of Medical Sciences**«. Ich durchlief die Abteilungen Gynäkologie, Dermatologie und Allgemeinmedizin. Ich sah die schlimmsten Endstadien von unbehandelten Tumoren. Fälle von Infektionskrankheiten, Lepra und Tuberkulose. Ein Junge von 15 Jahren war nur noch Haut und Knochen, war bettlägerig und starb alsbald an Lungentuberkulose. Bei Entbindungen floss mir das körperwarme Fruchtwasser um die Füße auf dem kalten Betonboden des Kreißsaales. Alle standen da barfuß, Schuhe waren verboten, um keinen Schmutz in den Kreißsaal zu bringen. Eine Taschenlampe half zur Not weiter zu operieren, wenn der Strom ausfiel.

Als Medizinstudent lernte ich körperliche Untersuchungen in der Frauenheilkunde kennen, die in Deutschland für Studenten nicht vorgesehen waren. Einfache, aber zielführende Laboruntersuchungen wurden in Seminaren vorgestellt. Zweckvolle Medizin mit einfachen Mitteln. Die deutschen Studenten staunten und lernten.

Von den vorgesehenen 9 Wochen verbrachte ich 5 Wochen tatsächlich dort, wo ich etwas Medizinisches lernen sollte, 3 Wochen aber fuhr ich allein mit der Indischen Eisenbahn nach Südindien bis Kap Komorin (Süd-spitze) und wieder zurück. 12 von 21 Nächten verbrachte ich im fahrenden Zug, um die gewaltige Rundreise (Delhi–Madras–Thanjavur–Pattukkot-tai–Madurai–Nagercoil–Trivandrum–Coimbature–Ooty–Mysuru–Hu-bli–Goa–Bombay–Delhi) bewältigen zu können. Mit 24 Jahren erträgt man solche Strapazen leichter. Eine Woche fuhr ich dann später noch nach Srinagar in Kaschmir. Beide Inlandsreisen unternahm ich 1981 mit Ermu-tigung und Empfehlung durch den Missionar **Paul Pillai** in Neu-Delhi. Die Beziehung bestand über Jahre fort.

Beladen mit Erinnerungen und gespannten Erwartungen verflog die Auf-regung vor der Reise 2019 mit Betreten des Flughafens. Warten, die Ruhe nach all den nötigen und unnötigen Vorbereitungen der Reise ist gut gegen Aufregung.

Diesmal fliege ich mit Anzug und Krawatte, mit viel zu schwerem Koffer zum einhundertjährigen Jubiläum der **Tamilischen Evangelisch-Lut-herischen Kirche (TELC): 1919 – 2019.** Ziel ist auch der älteste **Rotary Club von Madras**, gegründet 1929.

Ururgroßvater **CF Kremmer** und seine mitreisenden Missionare **A. My-lius, K. H. Schmeisser und A. F. Wolff** haben mit Anderen die Grund-lagen der TELC gelegt, seit 1847. Kremmers Schwiegersohn **Carl Jakob Sandegren**, Ehemann der ältesten Tochter **Theodora** (geb. Kremmer), wurde Missionar bei seinem Schwiegervater u. a. in Madras, Trankebar und Madurai.

Deren Sohn (Enkel von CF Kremmer) **Dr. Johannes Sandegren** wurde der dritte Bischof der tamilischen Kirche (TELC). Sein jüngerer Bruder **Paul Sand-egren** gründete Waisenhäuser in Thanjavur und Pattukkottai. Kremmer und die drei Sandegrens stehen nach Jahrzehnten, teils nach über hundert Jahren weiter-hin in hohem Ansehen. Inder sind geschichtsbewusst. An sehr vielen Stellen erinnern Gedenktafeln an die Vorgänger und Gründer oder Erbauer, teils also an meine eigenen Vorfahren. Ahnenforschung auf indischen Gedenktafeln. Dem Nachfahren werden zum ehrenden Empfang Blumenkränze und ungezählte Tücher um die Schultern gelegt. Die Ehre strahlt vom Werk und der Reputation der Vorfahren aus und liegt so unverdient und rührend auf den Schultern des staunenden Nachfahren. 40 Jahre Indien-Arbeit waren es bei **CF Kremmer** (1847–1887), 50 Jahre waren es bei **Dr. Johannes Sandegren** (1907–1957) und 27 Jahre waren es insgesamt bei **Paul Sandegren** (1915–1923 und 1953–1972). Zu Ehren und Anerkennung der unermüdlichen Arbeit von **Paul Sandegren** (wir nannten ihn »Onkel Paul«) wurde 2004 über seinem Grab ein Glockenturm zu der Kirche errichtet, in der er viele Jahre als Pfarrer tätig war. **Charlotte Hildmann**, geb. Müller-Erbach (1912-2011) unterstützte diese Arbeit durch Sammlung von Geld in Deutschland über viele Jahre (vgl. auch S. 52-55, 76).

Abbildung 2: Glockenturm über dem Grab zu Ehren von Pastor Paul Sandegren, verstorben 1972, errichtet 2002 mit Glocke aus seinem schwedischen Heimatland, Pattukkottai, TN

Manchmal ist es wenigstens ideell und vor Gott möglich, die Ehre an diejenigen zurückzugeben, die sie begründet haben. So schmückte ich nach über 100 Jahren mit den Blumenkränzen, die mir um den Hals gelegt wurden, das Grabkreuz von Missionar **CF Kremmer** in Trankebar, die Gedenktafel für **CJ Sandegren** in Madurai oder die Grabplatte von **Paul Sandegren** in Pattukkottai (Abbildung 67, S. 76).

Aber was trieb die Missionare des 19. Jahrhunderts an, was führte sie dort hin? Dieser Frage nachzugehen, ist eine Reise wert.

Abbildung 3: Gedenktafel zu Ehren des Missionars CF Kremmer (1817–1887) Adaikalanather Kirche, TELC, Purassaiwakkam, Chennai (Madras), TN

Abbildung 4: Gedenktafel zu Ehren des Missionars Carl Jakob Sandegren und seiner Frau Theodora Sandegren, geb. Kremmer, älteste Tochter von CF Kremmer, TELC Salvation Church am 24. 01. 2019, Arappalayam Cross Road, Ponnagaram Colony, Madurai, TN

Meine Reise war ein interkulturelles Abenteuer und verlief über 3 ½ Wochen, davon 8 Tage mit dem sächsischen Landesbischof **Dr. Carsten Rentzing**, dem Regionalbischof von Halle-Wittenberg **Dr. Johann Schneider** und dem Direktor des Leipziger Missionswerkes **Ravinder Salooja**. Zur Reisegruppe zählten auch der Superintendent von Zwickau **Harald Pepel** sowie der Leiter des Asien/Pazifik-Referates des LMW (gleichzeitig stellvertretender Direktor des LMW), der in Döbeln gut bekannte, langjährige Pfarrer **Hans-Georg Tannhäuser.** Auf der Fahrt durch Südindien sprachen Pfr. Tannhäuser und ich über gemeinsam bekannte Familien in Döbeln. Schade, dass wir uns nicht schon vor 1994 kennenlernten. Pfr. Tannhäuser war in der Zeit von Pfr. Rainer Landgraf selbst Jugendpfarrer in äußerst spannender Zeit in Döbeln von 1987 bis 1994. Mauern fielen nicht nur in Jerichow.

Abbildung 5: Nach dem Gottesdienst in der TELC-Gemeinde Mayiladuthurai am 13. 01. 2019: Die Herren aus Deutschland (v. l .n. r.) Ravinder Salooja, Direktor des LMW, Landesbischof der EVLKS Dr. Carsten Rentzing, Dr. Johann Schneider, Regionalbischof EKM Halle-Wittenberg, Dr. Rudolf Lehle, Nachfahre von CF Kremmer

Abbildung 6: Pfarrer Hans-Georg Tannhäuser,
Leiter Asien/Pazifik-Referat, Stellv. Direktor des LMW

Menschen

1981 lebten 650 Millionen Menschen in Indien. 2019 sind es 1,34 Milliarden Menschen. Die Steigerung ist beängstigend. Die allermeisten Menschen haben zu essen, sind sauber gekleidet, die Frauen sind vor allem farbenfroh, auch im Alltag fast festlich wirkend in die Tücher der Saris gewandet.

Die meisten Menschen erscheinen gesund, geschäftig oder geduldig, vor allem freundlich, stets an Fremden interessiert. Einige Männer, selten eine Frau, fragen nach dem Heimatland des Gastes, ganz ohne Anlass, einfach im Rahmen der Begegnung der Augen. Die weiße Hautfarbe des Gastes ist eben selten zu sehen und macht neugierig. Verschmutzt sind nur Menschen, die auf der Straße leben ohne Obdach, Bettler oder Bewohner von Slums. Kleidung und Körperpflege als Ausdruck von sozialem Status und Auskommen.

Abbildung 7: Menschen am Großen Tempel in Madurai,
zwischen West- und Südtor, 26. 01. 2019

Abbildung 8 und 9: Menschen am Großen Tempel in Madurai, vgl. Abb. 7

Abbildung 10: Menschen am Großen Tempel in Madurai, zwischen West- und Südtor, 26. 01. 2019

Abbildung 11: Obststand in Chennai, Ritherdon Road, 06. 01. 2019

1981 waren auch schon viele Menschen auf den Straßen, aber ich kam trotz einiger Autos, vieler Busse, einiger Motorräder und ungezählter Fahrräder noch ohne große Probleme über die Straßen von Delhi oder Madras. Heute ist das schwieriger. Die Zahl der Autos ist heute nicht mehr zu übersehen, die eng besetzten Busse fahren immer noch, sind in genauso bedenklichem Zustand wie früher, es scheinen noch dieselben Fahrzeuge wie 1981 zu sein, jedenfalls sind sie genauso heruntergekommen. Bei manchen Bussen fehlen nach kleinen Unfällen Scheinwerfer oder andere Lampen.

Abbildung 12: Stadtbusse in Chennai, nahe Egmore Station, 06. 01. 2019

Die Motorräder und Roller nehmen einem fast die Sicht, so viele sind es, die meisten fahren links – wie vorgeschrieben –, einige auch rechts am Straßenrand, um abzukürzen, wo es eben gerade eine Lücke gibt, immer dicht auf dicht. Fahrräder sind kaum noch zu sehen, hier eines, da eines.

Dafür werben erste Schilder in Chennai für Fahrräder als saubere Alternative. Alle fahren an diesem ulkigen Schild vorbei mit Geknatter und Gestank. 1981 gab es noch viele Fahrräder, aber keine solchen Schilder.

Abbildung 13: Verkehrsschild gegen Luftverschmutzung durch KFZ, Empfehlung des Fahrrades als Verkehrsmittel, die »Lösung gegen Luftverschmutzung«, 07. 01. 2019

Sollten in weiteren 38 Jahren 2,7 Milliarden Menschen in Indien leben, wird es katastrophal werden, unvorstellbar. Es wird weitaus mehr Hunger geben, soziale Spannungen, Verteilungskämpfe, Wassermangel, nicht mehr beherrschbare Infektionskrankheiten und weitere Umweltverschmutzung, noch mehr Verschmutzung von Luft und Gewässern. Immer noch mehr Müll an den Straßen und auf den Straßen, im Gebüsch, zwischen den Häusern, zwischen den Bäumen, am Ufer, auf unbebauten Grundstücken. Was früher wohl mal ein Bach, Kanal oder Fluss in Chennai oder Madurai war, ist jetzt schon eine weißliche, stehende, teils stinkende Brühe. Wie verdünnte Milch wirkt das, eine Mischung aus Waschpulver, Exkrementen und allem anderen. Was da an braunen Stücken schwimmt, ist nicht zu erkennen und nicht zuzuordnen.

Abbildung 14: Kanal zwischen dem Gelände des TN Theological Seminary und dem UC School Ground in Madurai am 28. 01. 2019

Der indische Staat würde bei anhaltendem Bevölkerungswachstum vor einer existenziellen Zerreißprobe stehen, wenn er dieses Wachstum nicht eingrenzen kann. Aber spürbar ist das *heute* in einer befriedeten und toleranten Gesellschaft *noch nicht*, es ist die abstrakte Überlegung eines Außenstehenden. Die gute medizinische Versorgung ließ die Kindersterblichkeit zurückgehen, Gott sei Dank, die medizinischen Fortschritte schenken den Menschen weitaus mehr Lebensjahre, auch in Indien. Aber die Geburtenrate bleibt auf hohem Niveau. Eingeschränkt nur von fatalen Abtreibungen weiblicher Föten aufgrund pränataler Diagnostik.

Bilder, indische Luftverschmutzung und Exkurs zu deutschen Grenzwerten

In den Reiseführern sind die schönen Bilder zu sehen. Indien ist schön. Die unberührte Natur, die Berge und Strände, die Wälder, die Naturschutzgebiete, die Reisfelder, die Baudenkmäler, die riesigen, pyramidenförmigen Tempel mit den unbegreiflich vielen farbigen Figuren von heiligen Elefanten, Rindern, Fabelwesen, Menschen, Göttern und Halbgöttern. Die Frauen auf Straßen und Plätzen sind mit ihrer Farbenpracht der Tücher und Kleider schön anzusehen. Mit kurzen Hosen oder auch kurzen Röcken laufen unpassend nur die weißen Touristen herum.

Unberührte Natur gibt es, aber eben nur da, wo keine Menschen sind. Wo Menschen sind, liegen Müll und Abfall. Öffentliche Plätze in Städten sind besonders gefährdet. Früher gab es nur Abfall, der verrottete, das ist heute leider anders.

Die Bilder aus den Reiseführern sind so einseitig schön, dass sie nur einen kleinen Teil der Realität abbilden. Der allgegenwärtige Abfall, Bauschutt und Plastikmüll scheint nicht zu interessieren, nicht einmal die Fotografen. Der Staub in den Straßen, er reizt die Augen, gelegentlich die Luftwege, aber er wird als Teil des Lebens hingenommen. In dieser Wahrnehmung ist die Welt eben so, wie sie ist, der Müll gehört dazu.

Dass Menschen die Welt der Städte so verändert haben und für Verschmutzung und Vermüllung verantwortlich sind, ist offenbar keine Wahrnehmung der Einheimischen.

Leere große Plastikflaschen werden einfach durch die Gitterstäbe der offenen Fenster des anfahrenden, endlos langen Zuges auf den Bahnsteig geworfen. Kurz darauf werden die leichten Flaschen vorhersehbar ins Gleisbett geweht. Als Nächstes kommt eine Reinigungskolonne von Frauen und

Abbildung 15 und 16: Vermüllung am Ranees Tower (Wasserturm) von 1883, öffentlicher Park in Thanjavur

sammelt die im Gleisbett liegenden Flaschen wieder auf (Beobachtungen am Bahnhof Trichy und Madurai). Arbeitsbeschaffungsmaßnahmen. Im Hintergrund die Schilder, man möge den Bahnhof sauber halten. Dies ist offenbar Aufgabe der Mitarbeiter, die Reisenden stören sich an den Hinweisen nicht. Solche Schilder mahnen an öffentlichen Plätzen dort, wo die Vermüllung am größten ist. Solche Schilder gab es früher nicht, der Müll wurde davon aber nicht erkennbar weniger.

Die Luft wird blau oder grau, auch schwarz mitunter, vollgeblasen aus tausend und einem Rohr der verschiedenen Abgasarten. Blau von den Mopeds, grau von den ungezählten Autos, schwarz von Ruß aus den älteren Autos und den Lastwagen oder Bussen. Die Rohre hinter den knatternden Motoren pressen alles heraus, was die Zylinder in schnellem Takt schlecht oder gar nicht verbrennen. Was heißt hier Feinstaub?

Abbildung 17:
Feierabendverkehr
Poonamallee, Chennai,
09. 01. 2019

Abbildung 18: Straßenszene im Zentrum Chennais vor dem Rajiv Gandhi
Gov. General Hospital, 07. 01. 2019

Hier geht es um richtigen, sichtbaren Ruß und Qualm. Und die Rohre
blasen es den Menschen entgegen. Egal, es ist so. Wen kümmert´s? Die
empfindlichen Nasen der Europäer, die Inder sind es gewohnt.

Exkurs zu deutschen Grenzwerten:
Man sehnt sich nach Stuttgart Neckartor, einem Luftkurort im Vergleich zu indi-
schen Großstädten. In Stuttgart sei so viel Stickoxid in der Luft, sagen die deutschen
Umweltschützer und deren Messergebnisse, dass man das Fahren mit dem Motor
von **Rudolf Diesel** *verbieten müsste. Obwohl der wiederum weniger Kohlendioxid*
produziert. Aber egal, jetzt ist gerade das Stickoxid dran. Da wird mehr als 40
Millionstel Gramm Stickoxid pro Kubikmeter Luft (!) möglichst in Fahrbahn-
nähe gemessen. Ein im Grunde willkürlicher Grenzwert, ohne klare wissenschaft-
liche Fundierung. Diese Luftbelastung kann man als Mensch nicht wahrnehmen,

weder sehen noch riechen, da braucht man eine sensible und moderne Analytik. So sauber ist die Luft, so lautet aber der Grenzwert der EU, der in Deutschland auch ernstgenommen wird. Die Deutschen sind eben korrekt und müssen die Welt retten. Man denkt an Kaiser »Willem Zwo« und seine stramme Rhetorik: »Am deutschen Wesen soll die Welt genesen«. Sie reden heute natürlich vom Weltklima (nicht mehr vom Krieg) und meinen die Luft vor der schwäbischen Haustür. Zwei heiße Sommer, und die Klimakatastrophe ist da. Greta zürnt vor der UNO.

In Indien braucht man keine Grenzwerte, da riecht man und sieht man die Luftverpestung auch so in ihren verschiedenen Farben Blau, Grau und Schwarz. Braun sieht man weniger oder es geht in den übrigen Farben unter. Da muss der Europäer husten und bekommt Kopfschmerzen oder eine Bindehautentzündung. Verkehrspolizisten und japanische Touristen tragen vereinzelt einen Mund- und Nasenschutz, als stünden sie im Operationssaal.

Abbildung 19: Obst- und Gemüsestand mit Straßenverkehr, Tana street, Purassaiwakkam, Chennai, 06. 01. 2019

Abbildung 20: Kreuzung Ritherdon Rd. Ecke Purassawalkam High Rd., Chennai, TN, am 06. 01. 2019

Geräusche und Verkehr

Der Lärmpegel auf indischen Straßen ist für Europäer schwer zu ertragen. Es sind nicht nur die Motoren, es sind vor allem die Hupen, die so vielfältig klingen und krächzen, wie Indien eben ist. Am schlimmsten sind die lauten klaren Hupen der neuen Autos, die eigentlich nur für den Notfall als letzte Warnung gedacht sind. Die hört man richtig heraus in ihrem sauberen, viel zu lauten Klang. Sie übertönen das Lärmkonzert. Im Übrigen ist es ein heiseres Tuten, ein verstimmtes Flöten, ein erbarmungswürdiges Krächzen, dann wieder ein Mehrklang-Geräusch und immer wieder das schon erbärmliche Schnarren der Motor-Rikschas mit der Abstammung von der Vespa-Zweitakt-Technologie. Jetzt aber fahren sie auf drei Rädern mit schwarzem Faltdach und gelb-orangefarbener Lackierung als Taxi. Gehupt wird vorsorglich oder mit Ungeduld, oft aus gar nicht erkennbarem Grund. Ich fahre, also hupe ich. Hupen ist Teil des Fahrens. Ohne Hupen keine Kommunikation, gefahren wird also auch nach Gehör, das spart den Blick in den Rückspiegel. Die langsameren Fahrzeuge bitten schon vorsorglich darum mit ihrer Aufschrift an der Hinterseite: »Sound Horn«. Besser an*hupen* als an*fahren*.

Der stehende Bus an der Haltestelle wird angehupt, das vor mir stehende Fahrzeug an der Kreuzung wird angehupt, wenn auch der gesamte übrige Verkehr zum Anhalten zwingt, die Mopeds im Stau werden angehupt, das langsamere Fahrzeug wird beim Überholen angehupt, die Fußgänger werden angehupt beim Huschen über die Fahrbahn oder beim langsamen, sorglosen Überqueren der Straße. Gehupt wird immer, tagsüber, nachts und ständig. Da steht einer, also hupe ich, da fährt einer, also hupe ich, da drängelt einer, also hupe ich.

Die Vorfahrt ist ohnehin geregelt, es fährt der Größere und dann der Kleinere, zuletzt findet der Fußgänger seinen Weg durch die Räder und Bleche.

Meist geht das auch gut, nur einmal sah ich aus dem Bus in Trichy eine tote Inderin auf der Straße liegen, das Gesicht war schon ganz blutleer grau, der Bauch war aufgerissen, Organe hingen offenbar nach furchtbarem Verkehrsunfall heraus. Der so zugerichtete tote Körper wurde gerade bei laufendem Verkehr ohne Abdeckung auf eine Trage gelegt. Eine etwa 10-jährige Schülerin im Bus neben mir erschauderte bei diesem Anblick, es ist also doch offenbar ein seltenes Ereignis, das sie so wohl noch kaum gesehen hatte.

Geländewagen sind jetzt auch in Indien beliebte Statussymbole. Meist weiß in der Farbe und auffallend sauber, mit zusätzlichen großen Stoßstangen, sogenannten Kuhfängern, furchterregend verstärkt, gelegentlich auch mit Halterungen für kleine Fahnen und Standarten. Wenn dann noch »Government of India« mit roten Buchstaben draufsteht oder gleich mit schwarzen Buchstaben auf einem roten Schild über dem Kennzeichen, weiß man aber spätestens, wer Vorfahrt hat, auch ohne Blaulicht. Inder sind eben Realisten. Stark vor Schwach, Groß vor Klein!

Rote Ampeln hindern nur selten den Verkehrsfluss: nur dann, wenn ein Verkehrspolizist direkt darunter steht und den Verkehr schon deshalb anhält oder wenn eine riesige Staubildung ohnehin zum Anhalten zwingt. Ansonsten sind Ampeln eher Teil des vielfältigen Lebens, mal ist die Farbe so, mal so. Entscheidend ist, wie man aneinander vorbeikommt, entscheidend sind nicht die ohnehin rasch wechselnden Farben der Ampeln. Wenn »Rot« zu erhöhter Aufmerksamkeit führt, kann man auch weiterfahren.

Die Straße zu überqueren erscheint lebensgefährlich – dem Europäer. Auch Inder müssen mitunter warten, wenn die Fahrzeuge sehr schnell und dicht fahren. Wenn der Verkehr langsamer wird oder gar ins Stocken gerät, gehen Inder einfach über die Straße. Die Autos, Busse, Lastwagen und Motorräder fahren dann ringsherum. Es wird niemand absichtlich überfahren oder aus Rechthaberei. Die Menschen gehen unbesorgt über die Straße wie die Kühe und Esel, seelenruhig und unbeschadet.

Taxifahrer

Es gab 1981 noch viele Fahrrad-Rikschas. Die gibt es jetzt kaum noch. Die Rikschas sind jetzt motorisiert, treten in gelb-schwarzen Schwärmen auf, fahren auf drei Rädern mit Vespa-Motor. Darüber hinaus gibt es deutlich seltener weiße Autos als Taxi. Ein Taxameter funktioniert nirgends. Man muss den Preis immer vor der Fahrt irgendwo zwischen der vom Fahrer geforderten Gebühr und der vom Fahrgast angebotenen Entlohnung vereinbaren, je nach Verhandlungsgeschick. Der Fahrer willigt ein, erwartet aber am Ende der Fahrt mit Trinkgeld eine Entlohnung wenigstens in der Nähe der zuerst von ihm genannten Summe. Der Fahrer wäre verärgert, würde er nur bekommen, was vereinbart wurde.

Die Fahrt kostet auf kurzen Strecken mit der Motorrikscha schon zwischen 80 und 150 Rs. Individualverkehr ist teuer und lebensgefährlich, je nach der halsbrecherischen Fahrweise zwischen Bussen und Lastwagen, Autos und Motorrädern. Mit dem öffentlichen Bus kommt man für 9 Rs. durch die ganze Stadt. Aber das setzt Ortskenntnis voraus, die man erst nach ein oder zwei Tagen erwirbt.

Einmal wollte ich den Taxifahrer bezahlen, zog den Geldbeutel heraus, woraufhin der Taxifahrer mich zu sich riss. Ich war sofort von einem versuchten Raub überzeugt und hielt meine Geldtasche mit dem viel wertvolleren Plastikgeld in Kartenform fest, so gut es ging. Kurz darauf ließ er mich erleichtert los, ohne mir etwas wegzunehmen. Ich war sehr verwundert. Es stellte sich heraus, dass er mich zu sich gerissen hatte, um mich vor einem gefährlich nah und schnell vorbeihuschenden anderen Motorrad-Taxi zu retten. Ich gab ihm für die Rettung dankbar den zunächst von ihm geforderten Fahrpreis. Ob eine solche »Rettung« überhaupt notwendig war, habe ich in diesem Moment gar nicht begriffen, so schnell ging es. Jedenfalls war die angegebene Rettung doch sehr überzeugend gemacht.

Polizei und Sicherheitsdienste

Es drängt sich der Eindruck auf, jeder vielleicht 20. oder 50. Inder sei ein Polizist oder ein Wachmann. Das ist natürlich etwas übertrieben. Die Polizei beschäftigt überwiegend Männer, jetzt aber auch einige junge Frauen. Es sind die einzigen Frauen, die eine westlich wirkende Kleidung tragen, als modisch geschnittene, figurbetonte Uniform. So etwas würden die Damen in ihrer Freizeit sicher nicht anziehen. Eine so enge Hose und Bluse, ganz ohne das übliche Tuch. Die Uniform mit Streifen, Winkeln oder sogar mit mehreren großen silbernen Sternen auf beiden Schultern, das schneidige Barett, die schwarze Kordel um die linke Schulter, eine Pfeife und in aller Regel ein kräftiger, längerer oder kürzerer Holzstock verleihen die nötige Autorität, auch den Frauen natürlich. Das war 1981 auch nicht anders. Nur sah man damals noch keine weiblichen Polizisten. Funkgerät, Handschellen, Pfefferspray oder eine Schusswaffe, eine schussichere Weste (vielleicht sogar noch eine Kamera am Körper) sind da überflüssig. Es sind meist so viele Polizisten auf einmal zu sehen, dass man da gar keine weiteren Hilfsmittel braucht. Bewaffnete Polizisten sind sehr die Ausnahme. Die gibt es umso zahlreicher in der neuen Metro von Chennai. Die ist so neu, so sauber und vergleichsweise so teuer, dass kaum einer damit fährt. Die Verantwortlichen haben offenbar Angst vor Terror und so blickt man speziell in der Metro, die das Gepäck kontrolliert, als wäre man am Flughafen, schnell mal in den Lauf eines Schnellfeuergewehres, etwa ein G 3 von Heckler&Koch aus Deutschland.

Private Wachdienste beschäftigen meist ältere, ärmlich wirkende Männer. Die tragen eine alte, ausgewaschene, braune, lange, wollene Hose, keine Socken, aber verstaubte Sandalen, nur ein blaues älteres Uniformhemd mit roten kleinen Balken, ein oder zwei Balken, mehr nicht. Einzig die dunkle geflochtene Kordel um die linke Schulter, die Mütze und vor allem die Trillerpfeife zeigen, wer hier zu bestimmen hat. Jedenfalls solange kein erkennbar reicher Autofahrer kommt. Die Trillerpfeife wird so oft eingesetzt, als wäre es eine Hupe. Also wird viel gepfiffen. Die Pfeife bleibt oft gleich im Mund. Kurz und scharf oder lang und schon melodisch wird da getrillert, je nachdem, ob es um drohende Verkehrsverstöße oder nur um schlechtes Einparken geht. Adrette junge Frauen wie bei der Polizei sind bei diesen Wachleuten nicht zu sehen. Aber Wachdienste sind überall: an privaten Grundstückseinfahrten, an Schulen, Hotels, Restaurants, an Parkplätzen, an Fabriken oder wo auch immer. Wer es sich leisten kann, beschäftigt für ein paar Rupien seinen eigenen Wachdienst. Die reichen Gäste des zu bewachenden Hotels werden vom Wachmann soldatisch begrüßt mit der Hand am Barett. Die Ehre für den Wachmann ist groß, wenn der Gast zurückgrüßt, dann verbeugt sich der Wachmann untertänig. Auch nachts sind sie auf Wache. Gegen die Mücken wird dann gleichsam als Zeichen der Wachbereitschaft ein kleines Holzfeuer aus herumliegenden Zweigen entzündet, dass es lodert oder meistens nur stinkt und qualmt. Gegen die Mücken reicht das auch. Wärmen muss das Feuer nicht, die Nächte sind auch im Januar nicht kalt.

Kein Wachdienst ohne hohe Zäune und Stacheldraht, ohne Mauerkronen mit eingelassenen Glassplittern, kein Wachdienst ohne zu beschützende Türen und Tore. Die stehen tagsüber leicht geöffnet, nachts verschlossen. Sie werden aber nachts schnell aufgerissen, wenn ein hupendes Auto heranfährt. Je hektischer, je größer das Auto ist. Das Auto will nicht warten und darf natürlich herein mit seinen Insassen. Die Bettler von nebenan dürfen natürlich nicht herein, dafür gibt es ja den Wachdienst.

Überraschung

Einmal machte ich die denkbar schnellste soziale Karriere: Ein großer Schulhof, ringsherum hohe Schulgebäude von vielleicht 5 oder 6 Stockwerken, alles sehr sauber und weiß gestrichen, es war die »*Maxwell Matriculation Higher Secondary School*« in Thanjavur, nahe der Mission Church Road. Auf dem Schulhof waren vermutlich hunderte Kinder, Mädchen und Jungs verschiedenen Alters, in militärischen Blöcken geordnet und unter lauten Kommandos angetreten. Ich blieb interessiert kurz stehen und blickte durch das hohe, etwa einen Meter breit geöffnete Tor einen Augenblick hinein. Ich sah nicht nur die Schüler, sondern auch einen großen Mann mit sauberer, dunkelbrauner langer Anzughose, weißem, langem Hemd und ebenso brauner einfarbiger Krawatte. Es musste der Direktor sein. Ein Wachmann aber war schnell zur Stelle und bedeutete mir, als dem ungebetenen Gast, mit Hand- und Stockbewegungen, dass der Gast hier nichts zu sehen und schon gar nichts zu suchen oder zu fotografieren hätte. Weitergehen wurde eindeutig signalisiert. Doch so wie ich den Direktor erkannte, erkannte er mich auch im gleichen Augenblick als von Ferne angereisten Europäer oder Amerikaner mit immerhin ebenso langen Hosen. Kleiner Augenkontakt zwischen Direktor und Gast genügte. Den Wachmann gar nicht wahrnehmend, kam der Direktor schnell auf mich zu – es war auch der Direktor – und fragte (nicht etwa nach meinem unnötigen oder gar lästigen Begehren) sehr freundlich, **woher** ich denn käme.

Deutschland ist in Indien immer eine gute Antwort, die sofort zu Aufmerksamkeit und Anerkennung führt. Sein Sohn studiere und lebe in Eindhoven in den Niederlanden, nicht weit von der deutschen Grenze. Er, der Direktor, fliege meist über Düsseldorf, um den Sohn zu besuchen. Sofort kamen wir ins Gespräch, er bat mich in seine militärisch aufgeräumte Schule mit den vielen Kindern, die immer noch in Blöcken gleichen Alters angetreten waren. Jetzt wurde Fotografieren geradezu zur Pflicht.

Und derselbe Wachmann, der mich noch Sekunden vorher zu verscheuchen suchte, salutierte jetzt mit deutlicher Ehrerbietung. Ich war ja der Besuch des Direktors. Der Principal **D. Varadarajan** bat mich schließlich in sein Büro, erkundigte sich nach meiner Reise, war vom Reiseanlass der Geschichte mit den Vorfahren beeindruckt, beauftragte wieder andere herumstehende, aber sofort diensteifrige Uniformierte, Kaffee zu bringen, und zeigte mir am Bildschirm zahlreiche Bilder von seiner letzten Europareise, von Amsterdam, Rom und Paris, von seiner Familie und von europäischen Sehenswürdigkeiten.

Abbildung 21: Principal D. Varadarajan der *Maxwell Matriculation Higher Secondary School* in Thanjavur am 22. 01. 2019

Er war ein Hindu, hatte aber erfreut einen Christen bei sich in seinem Büro mit den vielen Pokalen und Ehrenzeichen. Bücher fielen da neben der Computer Ausstattung nicht auf.

Abbildung 22: Schulhof mit Schülern der *Maxwell Matriculation Higher Secondary School* in Thanjavur, angetreten in Gruppen unterschiedlichen Alters am 22. 01. 2019

Der älteste Rotary Club von Madras (gegründet 1929)

Ich wurde nach vorausgehender Vereinbarung mit dem Präsidenten **Ranjit Pratap** am 8. Januar 2019 im größten, modernsten und sicher teuersten Hotel der 8-Millionen-Stadt Chennai empfangen. Dem Hyatt Regency Hotel, 365 Anna Salai Road, 600 18 Chennai (Madras). Ein riesiger Hotelturm von vielleicht 100 Metern Höhe, Luxus vom Feinsten in einem wunderbaren Gartengelände, abgeschottet durch viele Wächter und Eingangskontrollen wie am Flughafen. Und doch liegt die Hochburg der Reichen inmitten indischer Geschäftigkeit und Armut. In Staub und Lärm der umgebenden Straßen. Aber die Klimaanlage schafft Distanz und saubere Luft. Mauern und Fenster sorgen für vornehme Ruhe. Kaum eingetreten, fühlt man sich auf einen anderen Kontinent versetzt.

Der Club hat etwa 250 Mitglieder, 80 oder 100 kamen zum Meeting. Insgesamt gebe es im Distrikt von Chennai an die 100 Rotary Clubs, sagen die Rotarier stolz auf eigene Größe und Bedeutung.

Beim Empfang traf ich auch auf **Prof. Dr. U. Gauthamadas** aus den privaten und renommierten Apollo Hospitälern. Ein Neurologe, Psychiater und Verhaltensmediziner. Er erzählte mir von seinen Lehrbüchern.

Die Projekte der Rotarier setzen ganz vital und basal an: sauberes Wasser, Brunnenbau, Bau hygienischer Toiletten, Impfkampagnen im Kampf gegen Polio, Gesundheitsfürsorge, allgemeinmedizinische Behandlung, Blutspendeaktionen, sogar ein Dialyse-Projekt, Augenheilkunde (Brillenversorgung, Katarakt-Behandlung), Hochwasserhilfe. Schulprojekte, Unterstützung beim Neubau einer Schule, Ausstattung einer Schule, digitales Lernen mit Hilfe moderner Technik.

Förderung eines Jugendzentrums mit Werkstätten, CNC-Fräsen, Elektrotechnik, Ausstattung von Werkstätten und Möblierung von Wohnräumen. Unterstützung bedürftiger Schüler und Studenten durch Stipendien.

Abbildung 23: Tagungshotel des Rotary Club of Madras am 08. 01. 2019, Hyatt Regency Hotel, 365 Anna Salai

Abbildung 24: Lichthof des Hyatt Regency Hotel, 600018 Chennai

Abbildung 25: Präsidium des Rotary Club of Madras mit soeben ausgezeichneten Mitgliedern am 08. 01. 2019, Vierter von links: **Präsident Ranjit Pratap** (2018/2019)

Die reichen und erfolgreichen Inder sammeln natürlich Geld, genauso wie Amerikaner oder Europäer. Die Jugend-, Frauen- und Sozialarbeit der Rotarier unterscheidet sich nicht wesentlich von der Arbeit der Kirchen, nur basiert sie nicht auf christlichen Grundlagen, sondern ist überkonfessionell humanitären Ursprungs.

Der Glaube

Den Indern ist ganz offenkundig eine tiefe Befähigung zum Glauben geschenkt. Es ist die Gnade des unmittelbar wirksamen und das Leben bestimmenden und tragenden Glaubens. Das gilt für Hindus genauso wie für Christen. Etwa 80 % der Bevölkerung sind Hindus, 14 % sind Muslime, gut 2 % sind Christen, etwa 2 % sind Sikhs, unter ein Prozent sind Buddhisten. Noch kleinere Gemeinschaften sind die Jains und die Parsen (Zensus 2011 nach Schreitmüller und Barkemeier).

Je nach Region sind die Religionen jedoch unterschiedlich stark vertreten. In Südindien sind die Christen stärker vertreten und bilden die drittgrößte Gemeinschaft mit bis zu 20 % der Menschen.

Hindus stehen Schlange vor den großen Tempeln oder den unzähligen kleinen Alltagstempeln in der Stadt und warten geduldig auf die feierliche Ausbringung der Gaben vor dem Altar, auf das Verstreuen der Blumen, das Einreiben des steinernen kleinen Elefanten-Gottes im Tempel mit kostbarer Flüssigkeit, auf das Verschütten der Milch aus der eben geöffneten Kokosnuss auf dem Boden des Tempels. Sie warten auf die Kennzeichnung der Stirn mit reinigender Asche, mal nur ein Tupfen, mal zwei große, dicke weiße Aschestriche über die ganze Stirn. Die Gläubigen warten auf die Segnung durch Hitze und Rauch des kurz dargebotenen heiligen Feuers der rituellen Öllampe. Ein Mysterium allen Nicht-Hindus. Der Fremde sieht nur die äußeren Abläufe, nicht die dahinterstehenden geistlichen Bedeutungen. Mit Gaffen ist nichts zu begreifen. Deshalb dürfen viele Tempel auch nur von Hindus betreten werden.

Abbildung 26: Im großen Hindu-Tempel von Thanjavur am 20. 01. 2019

Abbildung 27: Rituelles Bad der Hindus im Golf von Bengalen zum
Neujahrsfest Ponga am Strand von Mahabalipuram am 11. 01. 2019

Und die Christen: Man muss nach Indien fahren, um die lauten Gesänge der Gemeinden voller Glauben, voller Freude, voller Gewissheit der göttlichen Gnade und Nähe zu erleben. Da singt nur ausnahmsweise ein Kirchenchor, da singen Alle, so wie sie können. Alte und neue Gesänge von göttlichem Beistand, Schutz und Trost, Gesänge voller Glaubensbegeisterung, die mit Lautsprecherverstärkung selbst die Orgel übertönen! Gott ist Heil und Stärke, ewiges Leben und Auferstehung. Gesungen wird in Landessprache Tamilisch, aber viele der alten Melodien stammen aus deutschen evangelischen Kirchengesangbüchern. Man hätte eines mitnehmen oder vor Zeiten den Text auswendig lernen sollen, denkt man dann in der indischen Kirchenbank – nur der Melodie folgend.

Ganz im Gegensatz zu Deutschland wird der Text fast mit Geschrei in die Melodie hinein gesungen. In Deutschland tönt fast nur noch die Orgel, und die Gemeinde geht nicht nur akustisch langsam unter. Kein Wunder, sitzen ja auch nur wenige, meist ältere Menschen in deutschen Kirchen und singen noch viel weniger Gläubige die alten Lieder in der Heimat der Reformation.

Abbildung 28: Heiliges Abendmahl im Sonntagsgottesdienst, Kirche der TELC, Mission Rd., Thanjavur am 20. 01. 2019

Der Pfarrer der TELC predigt ergreifend, emotional und mit Freude, Überzeugung und Nachdruck, geradeso, als müsste er in einem deutschen Wahlkampf noch die letzten Unentschlossenen mobilisieren. Dabei sind schon alle bei ihm. Der Pfarrer betet persönlich, ursprünglich, wie die Kinder den Vater anrufen. Alles ist lebendig, tatsächlich voller Kinder, die wohlerzogen und geduldig auf dem Boden sitzen, meist auf einer Matte, auch wenn noch Kirchenbänke frei sind, sitzen sie auf dem Boden und singen. Gelegentlich riskieren sie auch einen stummen oder verschämten Blick zu dem weißen Fremden und kichern etwas scheu in sich hinein oder untereinander.

Der Glaube bestimmt das Leben, ist Ursprung der Nächstenliebe und der Gastfreundschaft. Der Glaube ist Kraftquell und Grund zu Freude und Zuversicht. Man sieht es an den begeisterten Gesichtern und hört es an der Stimme. Der HERR ist den Menschen nahe. Inder, die sich zum Christentum bekehren ließen, spüren es und leben aus dieser Gottesbeziehung. Wie Gott fern und geradezu überheblich erscheinen da viele aufgeklärte Europäer.

Abbildung 29: Sonntagsgottesdienst in der Kirche der TELC, Thanjavur am 20. 01. 2019

Abbildung 30: Nach dem Sonntagsgottesdienst in der Kirche von Kariapatty mit Ortspfarrer Joel am 27. 01. 2019, ca. 30 km südlich von Madurai

Abbildung 31: Der XII. Bischof der TELC **Rt. Rev. S. Edwin Jayakumar** (links) und der XIII. Bischof der TELC **Rt. Rev. D. Daniel Jayaraj** im Wohnhaus von Missionar Ziegenbalg, heute Museum, am 13. 01. 2019

Abbildung 32: Ziegenbalg-Druckerpresse zur Herstellung missionarischer Schriften (Ziegenbalg-Museum) in Trankebar am 13. 01. 2019

Abbildung 33: Öllampe im Ziegenbalg-Museum am 13. 01. 2019

Abbildung 34: Beginn des Festaktes zum 100-jährigen Bestehen der TELC am Strand der Ziegenbalg-Landung vom 9. Juli 1706

Abbildung 35: Festgottesdienst am 14. 01. 2019 zum 100-jährigen Bestehen der TELC in der Neuen Jerusalem- Kirche Trankebar mit Gästen aus Sachsen unter Leitung des Landesbischofs Dr. C. Rentzing, aus Hermannsburg, Braunschweig und mit sehr zahlreichen Gästen aus vielen Teilen Südindiens

Abbildung 36: Chor zum Festgottesdienst am 14. 01. 2019 hinter dem Bild
von Bartholomäus Ziegenbalg

Abbildung 37: vgl. Abb. 38

Abbildung 38: Festakt im nahegelegenen Poraya im Anschluss an den Gottesdienst am 14. 01. 2019: 100 Jahre TELC, Verabschiedung des XII. Bischofs **Rt. Rev. S. Edwin Jayakumar** und feierliche Begrüßung des XIII. Bischofs **Rt. Rev. D. Daniel Jayaraj**

Abbildung 39: Foyer, 1. Obergeschoss des historischen Hotels Bungalow on the Beach aus dänischer Kolonialzeit

100-Jahr-Feier der TELC und Besichtigung von Sozialeinrichtungen

Die kirchliche Delegation aus Sachsen unter Leitung des ev.-luth. **Landesbischofs Dr. Carsten Rentzing** sah das Kinderheim in Pandur bei Chennai (Madras) mit Kindergarten und Missionsstation. Wir wurden am Abend von der Puniel-Gemeinde in Chennai, einer Partnergemeinde der Ev.-Luth. Gemeinde Magdeburg, festlich empfangen. Mit Ansprachen, Tanz, Gesang und Festessen. Am nächsten Tag war Gelegenheit zum Informationsaustausch mit dem staatlichen Verwalter der TELC **Richter K. Venkataraman** in seinem Büro.

Im Anschluss sahen wir auf Reisen südlich von Chennai das Kinderheim in Mahabalipuram, auf der weiteren Reise nach Trankebar die Einrichtungen in Mayiladuthurai: ein Kinderheim mit Kindergarten und ein Frauenrehabilitations- und Ausbildungszentrum. Junge Frauen werden erfolgreich mit Berufsausbildung in den allgemeinen Arbeits- und Heiratsmarkt entlassen.

Der Festgottesdienst zur Einhundertjahrfeier der TELC fand am 14. 01. 2019 in der überfüllten Neuen Jerusalem-Kirche in Trankebar statt. Bischöfe, Pastoren, kirchliche Mitarbeiter und Freiwillige aus Schweden, Dänemark, Deutschland und vielen Teilen Indiens nahmen daran teil. Es folgte am Nachmittag die Feierstunde im Nachbarort Poraya, wobei weniger die 100 Jahre der TELC im Vordergrund standen als vielmehr die Verabschiedung des XII. Bischofs der TELC **Rt. Rev. S. Edwin Jayakumar** und die Einführung des XIII. Bischofs der TELC **Rt. Rev. D. Daniel Jayaraj.** Besuche einer großen Mittelschule (TBML-College) und eines Mädchenheimes im Nachbarort Porayar, dem Geburtsort meiner Urgroßmutter Friederike, schlossen sich an. Nach Gesprächen zur Kirchenorganisation und Jugendarbeit der TELC in Trichy besichtigten **Pfr. Tannhäuser** und ich die Waisenhäuser in Thanjavur und Pattukkottai sowie ein Heim für chronisch psychisch kranke und geistig behinderte Frauen in Thanjavur.

Abbildung 40: Rt. Rev. Prof. Dr. Dr. Peter Ravikumar mit Frau, Enkelin und dem Autor, Besuch aus Deutschland, am 25. 01. 2019

Ich selbst besuchte abschließend das Wohnprojekt Kremmer-Puram in Madurai, das den Namen meines Ururgroßvaters **CF Kremmer** trägt. Den Abschluss bildeten die Begegnung mit **Rt. Rev. Prof. Dr. Dr. Peter Ravikumar** vom Tamilischen Theologischen Seminar in Madurai und ein Gottesdienst mit **Rt. Rev. Jemi Joel** in der kleinen Stadt Kariapatty mit ihrer großen, vor 2 Jahren neu errichteten Kirche. Im neuen Glockenturm fehlt noch eine Glocke. Ich stellte mich und meine Familiengeschichte im Gottesdienst vor.

Die kirchlichen Sozialeinrichtungen der TELC leisten Erziehungs- und Ausbildungsarbeit, bieten Hilfe für Wohnungslose, Anleitung und Ausbildung zum selbständigen Leben. Fürsorge im besten Sinne. Die Heime waren sauber, aufgeräumt, ohne Müll in ihren Mauern, einfach, aber von gutem Geist. Arbeit, die ansonsten nicht geleistet würde. Nicht vom Staat und sicher nicht von hinduistischen Organisationen. Die Hindus kennen diese sozial-karitative Arbeit nicht. Die betroffenen Kinder und Frauen werden vor Armut, Arbeitslosigkeit, Ausbeutung und vielleicht vor einem Leben in Obdachlosigkeit oder in Slums gerettet. Wir sahen nur fröhliche Kinder, die sich offenkundig wohlfühlten. Mädchen tanzten zur Begrüßung. Den Gästen wurden Ehrungen mit Blumen und Tüchern zuteil, ganz so, als hätten die Gäste das Schicksal der Bewohner gewendet und nicht die Mitarbeiter vor Ort und die dahinterstehenden Spender.

Angesichts der katastrophalen Zerstörungen durch den tropischen Wirbelsturm (Zyklon) im November 2018 hilft der Staat nicht beim Wiederaufbau, da es ja kirchliche Einrichtungen sind. Da muss dann wieder die Kirche helfen, sonst ist kein Wiederaufbau möglich.

Der Staat mischt sich aber mit Flächenvorschriften pro Kind ein und erklärt schnell eine Einrichtung für zu klein für die Zahl der Kinder, es sollten dann 5 oder 10 Kinder aus einem Heim entlassen werden. Wohin aber diese aus christlichem Verantwortungsgefühl zusätzlich aufgenommenen Kinder gehen sollten, wo sie wohnen sollten, dafür bietet dieser Staat keine Lösungen. Das sei dann wieder Sache der Kirche. Dass diese staatlichen Auflagen schließlich umgesetzt würden, habe ich aber auch nicht gehört. Es bleibt der Phantasie überlassen, wie diese Vorschriften umgangen werden können.

Abbildung 41: Kinder im TELC-Waisenhaus
von Pattukkottai am 21. 01. 2019

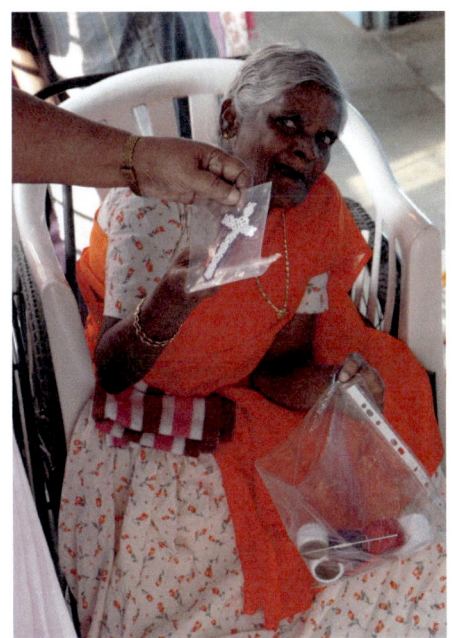

Abbildung 42: Bethesda-
Heim für behinderte Frauen
in Thanjavur, Übergabe
einer Häkelarbeit durch die
Bewohnerin an die Gäste,
19. 01. 2019

Abbildung 43: Nazareth-Heim der TELC in Thanjavur für Kinder, zwei deutsche Praktikantinnen, am 20. 01. 2019

Abbildung 44: Bethesda-Heim für behinderte Frauen in Thanjavur am 19. 01. 2019

Abbildung 45: Bethesda-Heim für behinderte Frauen in Thanjavur, zwei Bewohnerinnen mit deutscher Praktikantin am 19. 01. 2019

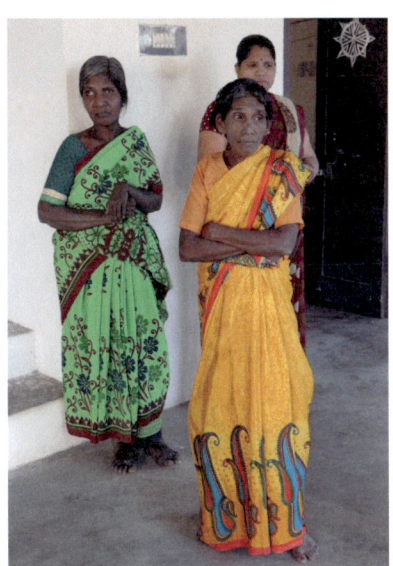

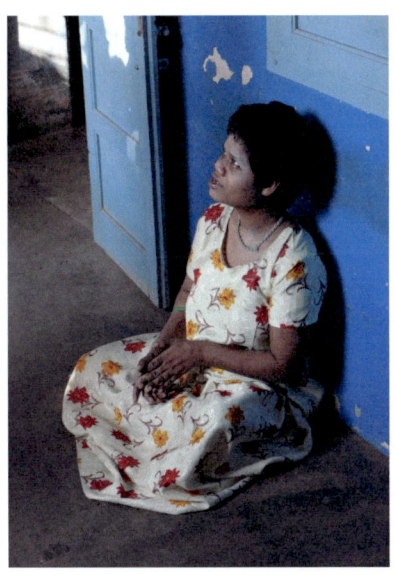

Abbildung 46: Bethesda-Heim für behinderte Frauen in Thanjavur am 19. 01. 2019, Bewohnerinnen

Abbildung 47: Bethesda-Heim in Thanjavur am 19. 01. 2019, Bewohnerin

Gastfreundschaft

Rev. Jemi Joel aus Kremmer Puram in Madurai, Ortspfarrer von Karia-patty, 30 km südlich von Madurai, bat mich in sein Haus und lud mich ein, mit ihm und seiner Familie zu Mittag zu essen, noch ehe er meinen Namen kannte. Ururenkel von **CF Kremmer** – das reichte als Grund zur Einladung!

Rev. Prof. Dr. Dr. Peter Ravikumar sah im Vorbeifahren, wie ich ein Schild der TELC in Madurai las, hielt an, hieß mich auf seinen Motorroller steigen und lud mich in sein Haus ein. Ich aß zu Mittag und er schenkte mir sein neuestes Buch über die Lehre Luthers.

Der reiche Apotheker von Kariapatty lud den Ortspfarrer Joel und mich nach dem Gottesdienst zu einem ausgiebigen Essen ein. Der Sohn studiert gerade in Kaiserslautern. Der wurde gleich angerufen, damit der Gast deutsch mit ihm sprechen und sich überzeugen konnte vom Studienort und dem Leben des Studenten in Deutschland.

Ein Familienvater nötigte uns in Thanjavur in sein Haus, um die Familie, vor allem auch seine Mutter, von **Pfarrer Tannhäuser** segnen zu lassen. Anschließend fuhr er die 4 deutschen Gäste mit Erklärungen durch die Stadt und lud alle zum Abendessen ein. So wertvoll war der Segen offensichtlich. Unschätzbar.

Der Schuldirektor lud mich in sein Büro ein, und so Viele freuen sich, einen Gast aufnehmen und bewirten zu können. Es ist eine Ehre für den Gastgeber und keine Mühe. Der deutsche Gast hat eher selber Mühe, sich zu erklären, wie er zu so viel Ehre und Freundlichkeit komme.

Abbildung 48: Angekettete, nicht freilaufende Rinder am Straßenrand in Madurai, 23. 01. 2019

Die Tiere in den Straßen

Die vielen freilaufenden Hunde, die wenigen herrenlosen Rinder, auch Esel und sogar Pferde durchstreifen die Städte mit all dem Verkehr in größter Ruhe und Geduld. Die Hunde schlafen tagsüber und liegen friedlich herum, vertrauen darauf, dass sie nicht gestört werden im Mittagsschlaf. Die freilaufenden Hunde strahlen Ruhe und Gelassenheit aus. Gegen Abend werden sie wohl erst lebendig. Leben und leben lassen. Kühe gehen einzeln und langsam, wie mit verbundenen Augen, quer über eine stark befahrene vierspurige Straße. Alle sehen das und weichen aus. Keine Kuh kommt zu Tode. Sie sind immer noch heilig. Kühe fressen aber auch aus Mülleimern irgendwelchen kaum verdaulichen Abfall, es kümmert Keinen. Mit Glück finden sie hier und da auch etwas Grünes. Am meisten berühren einen kranke Tiere, die sich nur ihrem Schicksal ergeben können, etwa die nicht wenigen Hunde, die auf 3 Beinen humpeln oder gar einen Teil einer Pfote verloren haben. Merkwürdigerweise berühren solche kranken oder behinderten Tiere den Europäer mehr als das allgegenwärtige menschliche Elend. **Das Elend ist nur auszuhalten mit der Brille der Blindheit, des Verdrängens, könnte man sagen.**

Abbildung 49: Freilaufende Kuh in Madurai in der Nähe des großen Tempels am 24. 01. 2019

Arme und Reiche

Ich spendete viele Rupien für die fehlende Glocke in Kariapatty. Ich hätte auch 790 Bettlern je 10 Rupien geben können. Was wäre besser gewesen? Das Gewissen weigert sich, es zu entscheiden. Die Armen werden von 10 Rs nicht satt, eine Glocke wird nicht von 7.900 Rs gekauft, eher schon von 100.000 oder 200.000 Rs.

79 Bettler wären kurzzeitig satt geworden. Sie wären aber nicht ihrem Straßenschicksal enthoben worden. Die Welt ist fest gefügt in Indien. Wer bettelt, bleibt Bettler; wer reich ist, bleibt es auch, jedenfalls meistens.

Es gibt sehr, sehr wenige unvorstellbar Reiche, mit Häusern, Autos, Fabriken, Bodenschätzen, Ländereien, Angestellten, oder was auch immer sich vorstellen lässt. Der neueste schwere und schnelle BMW steht da vor allem sauber auf diesen staubigen und löchrigen indischen Straßen, samt allen anderen Insignien des Reichtums. Natürlich äugen auch hier Wachleute nach den Fremden als mögliche Einbrecher. Wachleute, ohne die alles verloren wäre. Unerforschlich, woher der Reichtum stammt, ob schon aus der Familie, aus unternehmerischer Tätigkeit, ob aus krummen oder gar kriminellen Geschäften. Wer weiß. Kein Reicher würde mit dem Stadtbus fahren, am Straßenrand zu Fuß gehen, mit den Armen sprechen, die Kinder in die staatliche Schule schicken oder ein staatliches Krankenhaus aufsuchen. Die Lehre und Erziehung, die medizinische Diagnostik und Behandlungsqualität sind in den privaten Schulen und Krankenhäusern weitaus besser, auf internationalem Standard.

Es gibt viele Menschen, die haben genug zum Leben, sind gut gekleidet, sauber und gut gepflegt, wohl genährt. Die Mittelschicht. Wenige Menschen sind dabei übergewichtig, am ehesten noch Frauen zwischen 30 und 50 Jahren. Nach der Geburt einiger Kinder kommt offenbar bei einigen Frauen der Speck des Wohlstandes auf Rippen und Hüften. Kaum ein

Mann zeigt auffälliges Übergewicht. Die jungen Menschen nicht und die Alten schon gar nicht.

Der Reichtum der Mittelschicht zeigt sich im bescheidenen Haus, oder sei es eine Wohnung, im Schmuck, meist Silberschmuck im Alltag an Unterarmen und Fußgelenken, teilweise goldfarbener oder auch goldener Schmuck. Brautgeschenke aus echtem Gold sind teuer, aber offenbar notwendig, um die Braut zu würdigen, vielleicht auch, um deren Eltern vom Schwiegersohn zu überzeugen. Aber auch ein Motorrad (wer kann, kauft sich eine 350er oder 500er Einzylinder Royal Enfield aus Chennai, die blubbert wie ein Traktor), ein Motorroller oder noch besser ein Auto zeigen den Wohlstand der Mittelschicht. Wer Arbeit hat und davon leben kann, die Kinder einkleiden und zur Schule schicken kann, vielleicht sogar Schulgeld für eine private Schule zahlen kann, zählt sich zur Mittelschicht.

Arbeiter am Straßenrand

Einmal traf ich in Madurai auf fünf Tiefbauarbeiter, die in der Nähe des Bahnhofs einen längeren Graben ausheben sollten, wo bisher der Gehsteig verlaufen war. Vermutlich, um später Kabel oder Rohre an dieser Stelle neu zu verlegen. Sie hatten Schaufeln und Spitzhacke zur Bearbeitung dieses harten Bodens. Keine Maschinen. Sie standen und unterhielten sich, irgendwie musste die Arbeitszeit ja herumgehen.

Als ich in der Nähe ein Foto von der Plastikvermüllung selbst im frischen Bauaushub machte, fühlten sie sich angesprochen, ich fürchtete schon, sie könnten sich belästigt fühlen. Nein, sehr erfreut hießen sie mich willkommen, interessierten sich für mich und einer zeigte mir voller Schaffenskraft, wie schnell er hacken und schaufeln konnte. Als ich einige Meter weiter war, kehrte wieder Ruhe ein und die Arbeitsdemonstration war zu Ende.

Abbildung 50: Demonstration von Arbeitseifer in Madurai am 24. 01. 2019

Abbildung 51: Slums am Cooum-Flussarm (Kuvam), Chennai, Flagstaff Rd., kurz vor dem Abriss

Abbildung 52: Slums am Cooum-Flussarm (Kuvam), Chennai, Flagstaff Rd. Der Abriss hat auf einer Flussseite schon begonnen, 07. 01. 2019

Abbildung 53: Slums in zentraler Lage im Stadtteil Egmore, Chennai, 09. 01. 2019, Poonamallee High Rd. Ecke Police Commitioner´s Rd., Wellblech zwischen Hochhäusern

Abbildung 54: Neuer Hochhausblock hinter verfallenden Häusern des sozialen Wohnungsbaus in zentraler Lage im Stadtteil Egmore, Chennai, 09. 01. 2019, Police Commitioner´s Rd.

Abbildung 55: Status-Symbol in der Ritherdon Rd., am 06. 01. 2019, Chennai, TN

Soziale Politik oder Armenfürsorge und Menschen auf der Straße

Es gibt staatliche Krankenhäuser, auch Zahnkliniken, mit langen Warteschlangen, Kindergärten und Schulen. Es gibt dem Anschein nach auch sozialen Wohnungsbau, wenn vorher Slum-Siedlungen abgerissen wurden. Die staatlichen Einrichtungen werden nicht nur von Bedürftigen, sondern von den meisten Menschen aufgesucht, die sich private Einrichtungen nicht leisten können. Es gibt staatliche Verwaltungsstellen mit unglaublich aufgeblasener Bürokratie, Postämter und vor allem die Indische Eisenbahn als größten Arbeitgeber des Landes. Eine Verwaltung, die auch Züge fahren lässt, so mutet es an. Die Züge sind voll, vor allem die vergitterten Abteile der 2. Klasse ohne Reservierung und Klimaanlage.

Wer lange gearbeitet hat, mag eine schmale Rente bekommen, für alle anderen muss die Familie das Überleben im Alter sichern. Kinder als Altersvorsorge.

Dennoch, es gibt viele sehr, sehr arme Menschen: Die vielen Bettler und Obdachlosen mit einer schmalen Hand, dünner Haut und den eindeutigen Bewegungen (der leeren zum Munde gehenden Hand) gehören zu Indien. Keine Regierung hat sie bisher von der Straße bringen können. Tagsüber liegen und sitzen viele Menschen auf Gehsteigen, zwischen den Autos, unter Planen und Decken und kochen am Straßenrand ihr kleines Mittagessen. Auf kleinen Holzfeuern, zwischen einigen Ziegelsteinen, die den schnell aufgebauten Herd bilden, drei mal drei lose, U-förmig aufgeschichtete Ziegelsteine genügen.

Abbildung 56: Kochstelle auf der Straße am Großen Tempel in Madurai (oder religiöse Feuerstelle) aus Steinbrocken am 26. 01. 2019

Abbildung 57: Slum im Zentrum von Chennai zwischen Hauptbahnhof und Oberstem Gericht, Mint Street, 07. 01. 2019: Zelte, Kochstellen, Mobiliar. Plakate als Abdeckung.

Manche Menschen liegen halb oder gänzlich in Decken eingehüllt auf dem Gehsteig. Niemand stößt sich an ihnen. Niemand hilft. Der Europäer hofft, dass die gänzlich Eingehüllten noch leben und nur schlafen, wenn sie da unbewegt quer über den Gehsteig liegen. Man weiß es nicht.

Abbildung 58: Menschen auf dem Gehsteig der Poonamallee High Rd., Ecke Ritherdon Rd. am 06. 01. 2019

Abbildung 59: Police Commitioner´s Rd., Plastikmüll am Straßenrand, 09. 01. 2019

Abbildung 60: Vor dem Hauptbahnhof, Central Station, Chennai: Neubau oder Bauruine im Hintergrund? 07. 01. 2019

Abbildung 61: Straßenbewohnerinnen im Schatten von Kleinlastern, Chennai, Nähe Hauptbahnhof, am 07. 01. 2019, im Hintergrund Geldautomat SBI und die Hauptverwaltung der SIR im Stil der Kolonialbauten

Abbildung 62: Chennai, am Obersten Gericht (High Court) und den Kolonialbauten der Juristischen Fakultät der Universität von Chennai am 07. 01. 2019

Abbildung 63: Plakatwände und öffentliches Urinieren an der Mauer des High Court, 07. 01. 2019

Uriniert wird von Männern ungeniert an der nächsten Mauer oder am Straßenrand. Die umgebende Außenmauer selbst des Obersten Gerichts von Tamil Nadu (High Court) dient auch diesem Zweck. Gebüsch ist unnötig. Es liegt dort auch Kot, er ist vermutlich von Menschen. Im Dunkeln sollte man Gehwege meiden. Gehwege sind oft Dauerbaustellen, im Dunkeln sieht man weder die Menschen noch die Hunde noch die Löcher in den Wegen. Straßen sollte man nachts aber erst recht meiden. Viele Fahrzeuge kommen mit etwas Licht, manche ganz ohne Licht, das wird dann schwierig, die dunklen Fahrzeuge muss man hören.

Die Sozialpolitik hat diese Menschen entweder nicht wahrgenommen, nicht erreicht, kann nichts bieten oder ist an ihnen gescheitert. In die Lücke fehlender sozialer Angebote springen die christlichen Kirchen oder soziale Hilfsorganisationen privater Art wie die vielen Rotary Clubs oder Lions Clubs. Hinduistische Sozialverbände sind mir nicht bekannt geworden, dies ist dem Hinduismus wohl auch fremd.

Die Kirchen und andere Hilfsorganisationen betreiben mit Hilfe ausländischer Geldgeber Kindergärten, Schulen, Krankenhäuser, Heime für Behinderte und chronisch Kranke, Trinkwasserprogramme und Lehrwerkstätten. Und vieles mehr. Dennoch ist die Armut auf den Straßen allgegenwärtig. Die Prestigeprojekte des indischen Staates mit Atomrüstung, Raketen und neuen modernen Jagdflugzeugen aus Europa oder den USA bilden hier einen schwer zu begreifenden Gegensatz.

Bürokratie am Tempeleingang und am Bahnhof

Vor dem Tempeleingang am Südturm in Madurai sind an 3 verschiedenen Stellen mit 3 Warteschlangen die Schuhe, die Fotokamera und das Mobiltelefon abzugeben. Zuerst für die Schuhe, dann für den Fotoapparat bekommt man einen kleinen nummerierten Kontrollabschnitt, für das Telefon hingegen wird eine Empfangsquittung in dreifacher Ausfertigung mit 2 Durchschreibpapieren (weiß, rosa, gelb) handschriftlich erstellt und dann dreifach gestempelt. Beim Abgeben des Telefons erhält der Besitzer die weiße Erstschrift, die dann wieder gegen das Telefon eingetauscht wird. Am Ende hält der Kunde wieder sein Telefon und eine gelbe Ausfertigung der Empfangsquittung in Händen. Das rosa Blatt bleibt in der Verwahrstelle und wartet hier auf Entsorgung. Nach der dreifachen Prozedur war die Besuchszeit für den Tempel fast abgelaufen, ich musste eine halbe Stunde später wieder zurückkehren vor der Mittagspause, um wieder dreifach Schlange zu stehen. Über Mittag wird nichts aufbewahrt. Mit gnädiger Großzügigkeit des Wachpersonals kam ich überhaupt noch kurz in den Tempel, vorbei an Schnellfeuergewehren.

Wer bei der Indischen Eisenbahn eine Fahrt reservieren will, braucht entweder viel Geduld, starke Nerven oder einen Helfer, der das alles erledigt für seinen Herrn. Es ist die Reservierung schriftlich zu beantragen, mit Alter und Geschlecht des Reisenden, Religion, Adresse, Telefonnummer, Zugnummer, Name des Zuges, Abfahrtzeit, dem Abfahrts- und Ankunftsbahnhof. Ist der Reisende ein Arzt, hat er das vorsorglich auch anzugeben, für den Fall der Not. Das wird dann alles durch den Mitarbeiter der Bahn per Hand in den Computer übertragen. Der druckt das Ticket und erstellt die Reservierung. Stellt sich dann heraus, dass dieser Zug bereits ausgebucht ist, beginnt Alles von neuem. Ein Umtausch des Fahrscheins erfolgt wieder schriftlich auf einem neuen Formular mit allen Angaben, die schon auf dem ersten Fahrschein standen.

Pattukkottai: fehlendes Leitungswasser, Verwüstung und das neueste Smartphone

In Pattukkottai, einem Dorf von 30.000 oder 50.000 Einwohnern, eine Autostunde südlich von Thanjavur, stark vom Zyklon im November 2018 heimgesucht, gibt es eine Stunde täglich fließendes Wasser aus der Leitung. Dieses Wasser kann man so aber noch nicht trinken, es muss gefiltert oder abgekocht werden oder beides. Man muss es rechtzeitig in Gefäßen sammeln, wenn es aus dem Hahn kommt, damit es für den ganzen Tag reicht, auch für die Toilette und zum Waschen.

Abbildung 64: Vom tropischen Wirbelsturm (Zyklon) im November 2018 zerstörte Hütten und Häuser im Garten des Waisenhauses von Paul Sandegren in Pattukkottai. Das Mobiliar steht noch in der Hütte.

Abbildung 65: Zerstörungen im Garten des Waisenhauses von Paul Sandegren in Pattukkottai

Abbildung 66: Vom tropischen Wirbelsturm (Zyklon) im November 2018 zerstörtes Dach der kirchlichen Grundschule in Pattukkottai

Paul Sandegren kaufte in Pattukkottai vor Jahrzehnten ein größeres Stück Land, baute ein Waisenhaus darauf, umgab es mit einer Mauer und legte einen Garten an. Wahrscheinlich glich dieser einem Paradies. Jetzt ist es ein Garten der Verwüstung, der Sturmwind im November 2018 leistete Verheerendes.

Die meisten Bäume mussten gefällt werden, Hütten, eine Mehrzweckhalle brachen in sich zusammen, das Dach liegt auf dem Mobiliar, eine Wasch- und eine Toiletten-Anlage stehen jetzt verwüstet ganz ohne Dach da.

Und gleichzeitig gibt es in diesem Ort die jeweils neueste Generation von Smartphones zu kaufen, diesmal war es das Samsung A 9. Wenn es keinen Strom gibt, läuft der Generator. Not und technischer Fortschritt liegen sehr eng zusammen.

Abbildung 67: Grabmal im Glockenturm von Missionar Paul Sandegren, Enkel von CF Kremmer, Pattukkottai (vgl. Abb 2, S. 11)

Indien:

Ein unvorstellbar großes Land mit erdrückend vielen Menschen mit riesigen Städten, ein Land der Gegensätze, der furchtbaren Gegensätze, der erschreckenden Gegensätze, die im Land offenbar aber kaum wahrgenommen werden, weil die Welt eben so ist, wie sie ist, weil die Menschen sich daran gewöhnt haben und weil jeder sein Schicksal still zu tragen hat. So denken offenbar die meisten Menschen in diesem Land und vor allem Menschen mit hinduistischem Glauben.

Die Frage: Warum ging Kremmer nach Indien?

Diese schwierige Frage blieb offen und wäre fast untergegangen in all den heutigen Eindrücken: Was führte Ururgroßvater Kremmer aus dem kleinen Schmalkalden in Thüringen 1846/47 mit dem damaligen LMW nach Indien? Der Auferstandene spricht und befiehlt:

Gehet hin in alle Welt und predigt das Evangelium aller Kreatur. Wer da glaubt und getauft wird, der wird selig werden; wer aber nicht glaubt, der wird verdammt werden (*Evangelium nach Markus 16, 15-16*).

Kremmer lebte aus seinem Glauben, erlangte Gewissheit aus Gottes Wegweisung und fühlte sich schließlich berufen, denen zu helfen, denen sonst Hilfe versagt geblieben wäre. Geistliche Bekehrung und praktische soziale Unterstützung, Erziehungsarbeit und Fürsorge für Arme, Kranke, Schwache und Unmündige. Ein ähnlicher Gedanke wie heute. Es ist die innere Überzeugung von Gottes Berufung: Hilfe um des Reiches Gottes willen. Bewahrung vor irdischer Not und göttlicher Verdammnis. Hilfe zum ewigen Leben im Auftrag des Auferstandenen, das war **Kremmer,**

Mylius, Schmeisser, Wolff und den Missionaren **Sandegren** des 19. und 20. Jahrhunderts den Einsatz ihres Lebens wert.

Sie leben fort im Altgedächtnis der Tamilen, erwähnt auf zahlreichen Gedenkplatten mitten in den lebendigen Kirchen. Mitten im Leben der Gemeinden. Inder sind geschichtsbewusst und dankbar für die Geschichte der Missionsarbeit als Grundlage der eigenen Kirche (TELC). Und sie leben fort im Reich Gottes, der sie damals entsandt hat.

Am 15. 01. 2019 ließ ich in Trankebar auf dem Friedhof der Neuen Jerusalem-Kirche das Grab von Ururgroßvater **CF Kremmer** säubern, schmückte das Kreuz mit einem frischen Blumenkranz und am Abend sangen der sächsische Landesbischof, der Regionalbischof von Halle-Wittenberg, der Superintendent von Zwickau, der Direktor und der stellvertretende Direktor des LMW mit mir das Osterlied für den Missionar **Carl Friedrich Kremmer**:

Christ ist erstanden von der Marter alle;
des sollen wir alle froh sein,
Christ will unser Trost sein. Kyrieleis.
Wär er nicht erstanden, so wär die Welt vergangen;
seit dass er erstanden ist, so lobn wir den Vater Jesu Christ.
Halleluja, Halleluja, Halleluja!
Des solln wir alle froh sein, Christ will unser Trost sein.
Kyrieleis.

Abbildung 68: Gesäubertes und geschmücktes Grabmal von Missionar CF Kremmer im Friedhof der Neuen Jerusalem-Kirche, Trankebar, TN, Südindien am 15. 01. 2019

Abbildung 69: Grabstätte von Carl Friedrich Kremmer
aus Schmalkalden / Thüringen mit Ururenkel Rudolf Wilhelm Lehle

Deutsche Inschrift am Grabstein von CF Kremmer:

Selig sind die Toten, die in dem Herrn sterben von nun an.
Ja, spricht der Geist, sie sollen ruhen von ihrer Mühsal;
denn ihre Werke folgen ihnen nach.
Off. 14,13

Abbildung 71: Feuerlöschausstattung im Kinderheim Pattukkottai, 21.01.2019: Hoffentlich reicht der Sand, Wasser fließt nur einmal täglich morgens!

Abkürzungen:

EKM   Evangelische Kirche Mitteldeutschland
EVLKS Evangelische Landeskirche Sachsen
LMW   Leipziger Missionswerk
Rd.   Road
Rs   Indische Rupien (1 € entspr. 78 bis 80 Rs)
Rt. Rev. Right Reverend (ordinierter Pfarrer)
SIR   Southern Indian Railway
Str.   Street/Straße
TELC   Tamilisch Evangelisch-Lutherische Kirche
TN   Tamil Nadu

Persönliche Quellen:

Lehle Rudolf W: Eigene Reiseerfahrungen:
22.02. – 25.04.1981 und 05.01. – 30.01.2019

Liederley Arnd: Erinnerungen an Carl Friedrich Kremmer 1817–1887, familiäre Druckschrift, Kirchanschöring, 1997, aufgrund eigener Reiseerfahrungen und Quellenstudium im LMW

Weiterführende Literatur:

Tannhäuser Hans-Georg (Hrg.): 100 Jahre Tamilische Evangelisch-Lutherische Kirche (1919–2019) Evang. Verlagsanstalt, Leipzig, 2018

Reiseführer:
Barkemeier Martin und Thomas: Reise Know-How: Indien – der Süden, Reise Know-How Verlag, Bielefeld, 2015

Schreitmüller Karen: Indien. Der Süden, DuMont Reisehandbuch, DuMont Reiseverlag, Ostfildern, 2016

Summary

The author passed in 1981 as a 24-year old medical student a 9 weeks practical course in Delhi. He travelled in that year for the first time alone during 3 weeks through India by rail. For a second time he visited in January 2019 after 38 years again South India in company of the bishop of the Lutheran Church of Saxony, the regional bishop of Halle-Wittenberg (Central Germany), representatives of the Leipzig Mission (LMW) beside some more honorable guests.

The occasion of the journey in 2019 was the 100th foundation anniversary of the Tamil Evangelic-Lutheran Church (TELC). By the means of 71 realistic pictures shows the small, but very personal report of the greatgreatgrandson of a missonary of the 19th century Leipzig Mission the everyday situation in the overpopulated big cities. The enormous contrasts between the poor and the rich is considered. The doubeling of the population since 1981, as well as the enviremental burden, general noise and plastic dust are discussed and illustrated. A sidecut refers on the the excited climate debate in Germany.

The firm and alive believe of Christians in South India is mentioned in relation to the much larger number of Hindus.

Social projects of the TELC and of the Rotary Club of Madras (founded in 1929) are addressed.

The adventurous journey, the motivation, the places of spiritual and practical operations and the still remarkable appreciation of the missonary Carl Friedrich Kremmer, born in 1817 at Schmalkalden, Thuringia, Germany, died in 1887 at Madurai, burried at Trankebar (South India), constitute the frame story of this little, but rich illustrated booklet of some 80 pages as a result of the actual expedition to numerous people.

Until 1972 decendents of Kremmer were active in South India. Residential homes and schools for children and adolescents, facilities for mentally disabled women and lutheran congregations full of live are still preserved until today.